About Amphibians
Sobre los anfibios

A Guide for Children / Una guía para niños

Cathryn Sill
Illustrated by / *Ilustraciones de* John Sill
Translated by / *Traducción de* Cristina de la Torre

PEACHTREE
ATLANTA

For the One who created amphibians.
—Genesis 1:1

Para Aquel que creó a los anfibios.
—Génesis 1:1

Published by
PEACHTREE PUBLISHERS
1700 Chattahoochee Avenue
Atlanta, Georgia 30318-2112
www.peachtree-online.com

Text © 2000, 2018 by Cathryn P. Sill
Illustrations © 2000, 2018 by John C. Sill
Spanish translation © 2018 by Peachtree Publishers

First bilingual edition published in hardcover and trade paperback in 2018

Also available in an English-language edition
ISBN 978-1-68263-031-0 (hardcover)
ISBN 978-1-68263-032-7 (paperback)
The publisher thanks Dr. Larry Wilson for his guidance with the Spanish amphibian names.

All rights reserved. No part of this publication may be reproduced, stored in a retrieval system, or transmitted in any form or by any means—electronic, mechanical, photocopy, recording, or any other—except for brief quotations in printed reviews, without the prior permission of the publisher.

Edited by Vicky Holifield
Spanish translation: Cristina de la Torre
Spanish-language copy editor: Hercilia Mendizabal
Spanish-language proofreader: Cecilia Molinari

Illustrations painted in watercolor on archival quality 100% rag watercolor paper
Text and titles typeset in Novarese by Adobe Systems

Printed in January 2018 by Imago in China
10 9 8 7 6 5 4 3 2 1 (bilingual hardcover)
10 9 8 7 6 5 4 3 2 1 (bilingual paperback)

Library of Congress Cataloging-in-Publication Data

Names: Sill, Cathryn P., 1953– | Sill, John, illustrator. | Sill, Cathryn P., 1953– About amphibians. | Sill, Cathryn P., 1953– About amphibians. Spanish.
Title: About amphibians : a guide for children = Sobre los anfibios : una guia para niños / Cathryn Sill ; illustrated by John Sill = ilustraciones de John Sill.
Other titles: Sobre los anfibios : una guia para niños
Description: First edition. | Atlanta, Georgia : Peachtree Publishers, [2018] | Text in English and Spanish. | Audience: Ages 3–7. | Audience: K to grade 3. | Includes bibliographical references.
Identifiers: LCCN 2017035352 | ISBN 9781682630334
Subjects: LCSH: Amphibians—Juvenile literature.
Classification: LCC QL644.2 .S48 2018 | DDC 597.8—dc23 LC record available at https://lccn.loc.gov/2017035352

About Amphibians
Sobre los anfibios

Amphibians have soft, moist skin.

Los anfibios tienen la piel suave y húmeda.

PLATE 1 / LÁMINA 1
Red Salamander / *salamandra roja*

Most amphibians spend part of their lives in water...

La mayoría de los anfibios pasa parte de su
vida en el agua...

PLATE 2 / LÁMINA 2
Bullfrog / *rana toro*

and part on land.

y parte en la tierra.

PLATE 3 / LÁMINA 3
Couch's Spadefoot Toad /
sapo pata de pala

Amphibians hatch from eggs laid in water or wet places.

Los anfibios salen de huevos puestos en el agua o en sitios húmedos.

PLATE 4 / LÁMINA 4
Spotted Salamander /
salamandra moteada

They change as they grow into adults.

Cambian a medida que se hacen adultos.

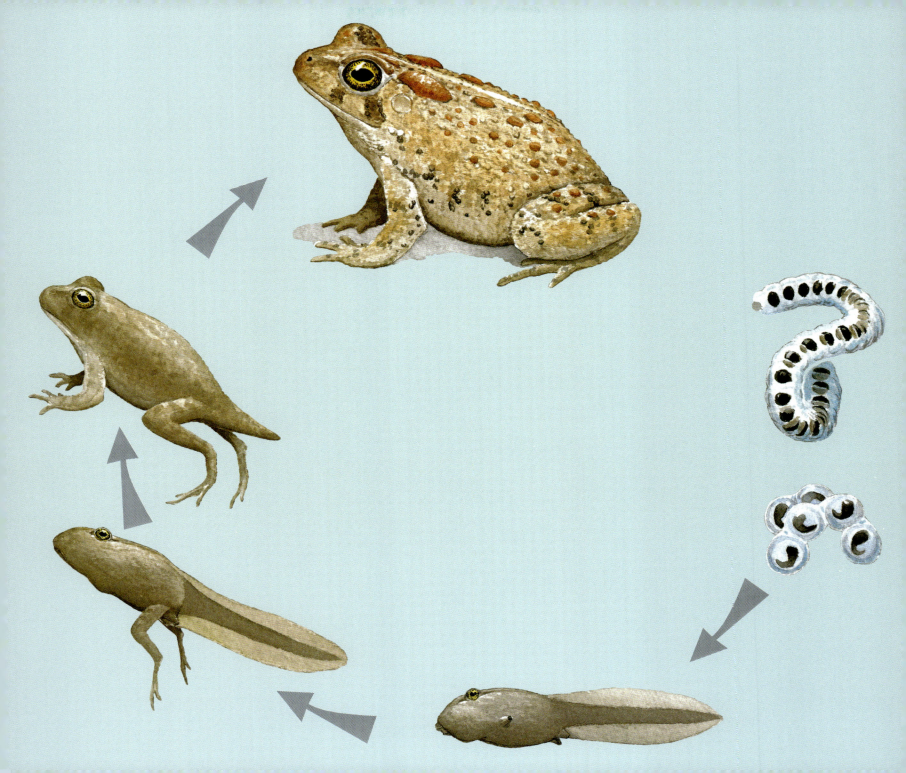

Some amphibians have a tail.

Algunos anfibios tienen cola.

PLATE 6 / LÁMINA 6
Longtail Salamander /
salamandra colilarga

Others lose their tail as they grow up.

Otros pierden la cola cuando crecen.

PLATE 7 / LÁMINA 7
Eastern Narrowmouth Toad /
sapo de boca estrecha

Amphibians have many enemies.

Los anfibios tienen muchos enemigos.

PLATE 8 / LÁMINA 8
Northern Leopard Frog / *rana leopard*
(Also shown: Green Heron) /
(También representada: *garcita verdos*

Some are camouflaged for protection.

Algunos tienen camuflaje para protegerse.

PLATE 9 / LÁMINA 9
Gray Tree Frog / *rana arbórea gris*

Others have poison glands in their skin that protect them from predators.

Otros tienen glándulas venenosas en la piel que los protegen de los predadores.

PLATE 10 / LÁMINA 10
Colorado River Toad / *sapo del río Colo*

Amphibians bury themselves and sleep through very cold or very hot weather.

Los anfibios se entierran y duermen cuando hace mucho calor o mucho frío.

PLATE 11 / LÁMINA 11
Wood Frog (left) /
rana de madera (izquierda)
Great Plains Toad *(right) /*
sapo de grandes llanuras (derecha)

Some amphibians have a voice and call to each other.

Algunos anfibios tienen voz y se llaman entre sí.

PLATE 12 / LÁMINA 12
Spring Peeper / *peeper de primavera*

Most amphibians eat insects.

La mayoría de los anfibios se alimenta de insectos.

PLATE 13 / LÁMINA 13
Oak Toad / *sapo roble*

Some may eat snakes, worms, and other small animals.

Algunos comen culebras, gusanos y otros animales pequeños.

PLATE 14 / LÁMINA 14
Tiger Salamander / *salamandra tigre*

It is important to protect amphibians and the places where they live.

Es importante proteger a los anfibios y los lugares donde habitan.

PLATE 15 / LÁMINA 15
Pine Barrens Tree Frog /
rana arbórea del yermo de Pinos

Afterword / Epílogo

PLATE 1
There are over 7,000 species of amphibians in the world. They live on all continents except Antarctica. Amphibians are divided into three groups—frogs and toads, salamanders and newts, and caecilians. They have glands that secrete mucus to protect their skin and keep it moist. Some amphibians, such as Red Salamanders, breathe through their skin because they do not have lungs. Red Salamanders live in the eastern United States.

LÁMINA 1
Hay más de 7.000 especies de anfibios en el mundo. Viven en todos los continentes menos la Antártida. Los anfibios se dividen en tres grupos: ranas y sapos, salamandras y tritones, y cecilias. Tienen glándulas que segregan una sustancia viscosa para proteger la piel y mantenerla húmeda. Algunos anfibios, como la salamandra roja, respiran por la piel porque no tienen pulmones. La salamandra roja habita el este de Estados Unidos.

PLATE 2
The word "amphibian" comes from a Greek word that means "living two lives." Most amphibians live in water when they are young and on land as adults. Many adult frogs, such as Bullfrogs, live in or near fresh water. Bullfrogs are North America's largest frog. They are native to eastern North America but have been introduced in western North America.

LÁMINA 2
La palabra "anfibio" viene de una palabra griega que quiere decir "vivir dos vidas". Casi todos los anfibios viven en el agua cuando son jóvenes y en la tierra como adultos. Muchas ranas adultas, tales como la rana toro, viven en o cerca de agua dulce. Las ranas toro son las ranas más grandes de América del Norte. Son originarias del este de América del Norte pero se han introducido en el oeste de América del Norte.

PLATE 3
Almost all frogs that live on land return to water to reproduce. The toad is a type of frog that lives in drier places. Spadefoot Toads are able to live in very dry conditions by burrowing underground. They have a sharp-edged "spade" on their back feet that helps them dig into sandy or loose soil. Couch's Spadefoot Toads live in deserts and grasslands in southwestern United States and Mexico.

LÁMINA 3
Casi todas las ranas que viven en la tierra regresan al agua para reproducirse. El sapo es un tipo de rana que habita lugares más secos. El sapo pata de pala tolera sitios muy secos porque puede meterse bajo tierra. Tienen una "pala" afilada en las patas traseras que les permite cavar en tierras arenosas o porosas. El sapo pata de pala habita los desiertos y las praderas del suroeste de Estados Unidos y México.

PLATE 4
Amphibian eggs are covered with a clear jelly-like coating that keeps them from drying out and gives some protection from predators. The eggs hatch into tadpoles or larvae. Spotted Salamanders lay a mass of about one hundred eggs. They attach the egg mass to branches and stems in the water. Spotted Salamanders live in eastern North America.

LÁMINA 4
Los huevos de los anfibios están cubiertos por una capa gelatinosa que evita que se sequen y los protege de predadores. De los huevos salen renacuajos o larvas. Las salamandras moteadas ponen una masa de cien huevos, más o menos, que atan a las ramas o a los tallos bajo el agua. La salamandra moteada habita el este de América del Norte.

PLATE 5

The process of change amphibians go through as they grow up is called "metamorphosis." During this change, most amphibians grow legs and lungs so they can live on land. The eggs of American Toads hatch in three to twelve days. The tadpoles take up to two months to develop into toadlets (tiny newly developed toads). American Toads live in the eastern United States and Canada.

LÁMINA 5

El proceso de cambio por el que pasan los anfibios al crecer se llama "metamorfosis". Durante este cambio a casi todos los anfibios les salen patas y pulmones para poder vivir en la tierra. Los huevos del sapo americano se rompen entre tres y doce días. Los renacuajos pueden demorarse hasta dos meses en convertirse en pequeños sapos (miniaturas de sapo recién desarrolladas). El sapo americano habita el este de Estados Unidos y Canadá.

PLATE 6

A salamander keeps its tail as it changes from larva to adult. It has a slender body and usually four legs that are about the same length. The tail of a Longtail Salamander makes up nearly two-thirds of its total length. Longtail Salamanders live in the United States in the Appalachian Highlands, Ozark Highlands, and the Ohio River Valley.

LÁMINA 6

Una salamandra mantiene su cola a través del cambio de larva a adulta. Tiene el cuerpo fino y usualmente cuatro patas, todas del mismo largo. La cola de la salamandra colilarga es más de dos terceras partes de su tamaño. La salamandra colilarga habita algunas zonas de Estados Unidos, en los altiplanos de Apalachia y las Ozarks, y en el valle del río Ohio.

PLATE 7

As a frog or toad develops from tadpole to adult, it loses its tail and grows long back legs that enable it to jump or hop. Frogs have long legs that allow them to jump higher and farther than toads. Toads such as the Eastern Narrowmouth Toad have shorter legs and move by hopping. Eastern Narrowmouth Toads are found in the southeastern United States.

LÁMINA 7

A medida que una rana o un sapo crecen de renacuajo a adulto, van perdiendo la cola y les salen patas traseras largas que le permiten saltar. Las patas de las ranas son más largas y por eso pueden saltar más alto y más lejos que los sapos. Los sapos, tales como el sapo de boca estrecha, tienen las patas más cortas y se mueven dando saltitos. Los sapos de boca estrecha se encuentran en el sureste de Estados Unidos.

PLATE 8

Many animals—including birds, snakes, and mammals—eat adult amphibians. Fish and other small water animals eat amphibian larvae. Northern Leopard frogs avoid predators by quickly leaping into the water or making zigzag hops to safety. They live in much of North America.

LÁMINA 8

Muchos animales— incluyendo pájaros, culebras y mamíferos— se alimentan de anfibios adultos. Los peces y otros pequeños animales acuáticos se alimentan de las larvas de los anfibios. Las ranas leopardo evitan los predadores saltando rápidamente al agua o saltando en zigzag hasta ponerse a salvo. Habitan casi toda América del Norte.

PLATE 9

Some amphibians are able to hide from their enemies because of their protective coloration. Others have bright colors to warn predators that they taste bad. The skin of Gray Tree Frogs can change color from gray to green in order to match their environment. Gray Tree Frogs live in the eastern United States and southeastern Canada.

LÁMINA 9

La coloración protectora de algunos anfibios les sirve para esconderse de sus enemigos. Los colores brillantes de otros avisan a los predadores de que tienen muy mal sabor. El color de la piel de las ranas arbóreas grises cambia de gris a verde de acuerdo con su entorno. Las ranas arbóreas grises habitan el este de Estados Unidos y el sureste de Canadá.

PLATE 10

A toad has lumps on the back of its head containing glands that give off poison. The poison burns the mouth and throat of any animal that tries to eat it. Colorado River Toads are so poisonous a dog would probably be paralyzed (and might even die) after biting the toad. They live in the extreme southwestern United States and western Mexico.

LÁMINA 10

Los sapos tienen, en la parte de atrás de la cabeza, bultos que sueltan veneno. El veneno le quema la boca y la garganta a cualquier animal que intente comérselo. Los sapos del río Colorado son tan venenosos que, si los muerde, un perro probablemente quedaría paralizado (o hasta podría morirse). Habitan el extremo suroeste de Estados Unidos y el oeste de México.

PLATE 11

Amphibians are cold-blooded. This means their body temperature is the same as their surroundings. Amphibians become inactive by hibernating in very cold weather and estivating when the weather is hot and dry. Wood Frogs are the only North American frogs able to live above the Arctic Circle. They live in forests in northern North America. Great Plains Toads are able to live in drier habitats by burrowing down into loose soil. Great Plains Toads live in the great plains of North America from Alberta, Canada, to northern Mexico.

LÁMINA 11

Los anfibios son de sangre fría. Esto quiere decir que la temperatura de su cuerpo es la misma que la de su entorno. Los anfibios se vuelven inactivos invernando cuando hace mucho frío, y entran en estado de estivación cuando el clima es caliente y seco. Las ranas de madera son las únicas que habitan al norte del Círculo Ártico, en los bosques del norte de América del Norte. Los sapos de grandes llanuras pueden vivir en hábitats muy secos metiéndose bajo la tierra porosa. Los sapos de grandes llanuras habitan los grandes llanos de América del Norte desde Alberta, Canadá, hasta el norte de México.

PLATE 12

The call of the male frog and toad attracts mates and warns other males to stay away. A vocal pouch located in the animal's throat makes this sound. The song of the Spring Peeper can be heard up to a half mile away and is one of the first signs of spring in eastern North America.

LÁMINA 12

La llamada de las ranas y los sapos machos atrae parejas y les advierte a otros machos que se mantengan alejados. El sonido sale de una bolsa vocal situada en la garganta de los animales. El canto de las *Pseudacris crucifer* puede oírse hasta a media milla de distancia y es una de las primeras señales de la primavera en el este de América del Norte.

PLATE 13

Frogs and toads catch insects by flicking out their tongues. The prey sticks to the tongue and is quickly pulled into the mouth. Oak Toads eat mostly ants. They are the smallest toads in North America. Oak Toads live in coastal areas of the southeastern United States.

LÁMINA 13

Las ranas y los sapos cazan insectos sacando la lengua. La presa queda pegada a la lengua y en seguida es metida dentro de la boca. Los sapos roble se alimentan principalmente de hormigas. Son los sapos más pequeños de América del Norte. Los sapos roble habitan zonas de la costa sureste de Estados Unidos.

PLATE 14

Salamanders also use their tongues to capture prey. Like all amphibians, they swallow their food whole. Some amphibians have teeth used only to hold their prey. Tiger Salamanders are large land salamanders that will eat just about any animal that they can get into their mouth. They are the most widespread salamander in North America.

LÁMINA 14

Las salamandras también usan la lengua para cazar sus presas. Al igual que todos los anfibios, se tragan la comida sin masticarla. Algunos anfibios tienen dientes, pero los usan solamente para mantener atrapadas a sus presas. Las salamandras tigre son grandes y terrestres, y se alimentan de casi cualquier animal que les cabe en la boca. Son la especie de salamandra más extendida de América del Norte.

PLATE 15

Amphibians are very beneficial to humans. Many amphibians eat insects that carry disease and destroy crops. They provide food for other animals. Chemicals found in the skin of some amphibians are used for medicine. Amphibians are important in scientific research and education. Scientists believe that the declining numbers of amphibians indicate problems in our environment. We can protect amphibians, including Pine Barrens Tree Frogs, by preserving the wetlands and other habitats where they live. Pine Barrens Tree Frogs live in a few places in the eastern United States

LÁMINA 15

Los anfibios son muy beneficiosos para los humanos. Muchos anfibios comen insectos que transmiten enfermedades y destruyen cultivos. Los anfibios sirven de alimento a otros animales. Las sustancias químicas que se encuentran en la piel de algunos anfibios se usan como medicamentos. Los anfibios son importantes en investigaciones científicas y en la educación. Los científicos creen que el descenso en el número de anfibios indica problemas en el medio ambiente. Podemos proteger a los anfibios, incluyendo a las ranas arbóreas del yermo de Pinos, preservando los pantanos y otros hábitats donde viven. Las ranas arbóreas del yermo de Pinos se encuentran en unos pocos lugares del este de Estados Unidos.

GLOSSARY

caecilian—a wormlike amphibian that usually lives underground in the tropics
estivation—when an animal becomes inactive during hot dry weather
larva—the very young form of an amphibian or insect
mass—a large group of things crowded together
predator—an animal that lives by hunting and eating other animals
prey—an animal that is hunted and eaten by a predator
reproduce—to have babies
species—a group of animals or plants that are alike in many ways

GLOSARIO

cecilias: anfibio con apariencia de gusano que usualmente habita bajo tierra en el trópico
estivación: cuando un animal se mantiene inactivo durante los días calientes y secos
larva: la forma más joven de un anfibio o insecto
masa: gran grupo de cosas amontonadas
predador: animal que sobrevive cazando y comiéndose otros animales
presa: animal que es cazado y comido por un predador
reproducirse: tener bebés
especie: grupo de animales o plantas que se parecen en muchos aspectos

SUGGESTIONS FOR FURTHER READING

BOOKS

DK EYEWITNESS BOOKS: AMPHIBIAN by Dr. Barry Clarke (DK Publishing)
THE SCIENCE OF LIVING THINGS: WHAT IS AN AMPHIBIAN? by Bobbie Kalman and Jacqueline Langille (Crabtree Publishing Company)

WEBSITES

http://kids.nationalgeographic.com/animals/hubs/amphibians
http://www.kidzone.ws/animals/amphibian1.htm
http://www.amphibianark.org/education/what-are-amphibians
https://www.stlzoo.org/animals/abouttheanimals/amphibians

Common names for animals vary from region to region both in Spanish and English. To avoid confusion, here is a list of the scientific names for the species of amphibians featured in this book:

Red Salamander—*Pseudotriton ruber*
American Bullfrog—*Lithobates catesbeianus*
Couch's Spadefoot Toad—*Scaphiopus couchii*
Spotted Salamander—*Ambystoma maculatum*
American Toad—*Anaxyrus americanus*
Longtail Salamander—*Eurycea longicauda*
Eastern Narrowmouth Toad—*Gastrophryne carolinensis*
Northern Leopard Frog—*Lithobates pipiens*
Gray Treefrog—*Hyla versicolor*
Colorado River Toad—*Incilius alvarius*
Wood Frog—*Lithobates sylvaticus*
Great Plains Toad—*Anaxyrus cognatus*
Spring Peeper—*Pseudacris crucifer*
Oak Toad—*Anaxyrus quercicus*
Tiger Salamander—*Ambystoma tigrinum*
Pine Barrens Treefrog—*Dryophytes andersonii*, formerly *Hyla andersonii*

ABOUT... SERIES

HC: 978-1-68263-031-0
PB: 978-1-68263-032-7

HC: 978-1-56145-038-1
PB: 978-1-56145-364-1

HC: 978-1-56145-688-8
PB: 978-1-56145-699-4

HC: 978-1-56145-301-6
PB: 978-1-56145-405-1

HC: 978-1-56145-987-2
PB: 978-1-56145-988-9

HC: 978-1-56145-588-1
PB: 978-1-56145-837-0

HC: 978-1-56145-881-3
PB: 978-1-56145-882-0

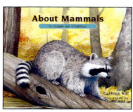
HC: 978-1-56145-757-1
PB: 978-1-56145-758-8

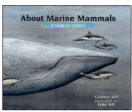
HC: 978-1-56145-906-3

HC: 978-1-56145-358-0
PB: 978-1-56145-407-5

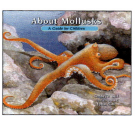
HC: 978-1-56145-331-3
PB: 978-1-56145-406-8

HC: 978-1-56145-795-3

HC: 978-1-56145-743-4
PB: 978-1-56145-741-0

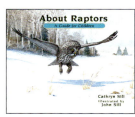
HC: 978-1-56145-536-2
PB: 978-1-56145-811-0

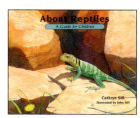
HC: 978-1-56145-907-0
PB: 978-1-56145-908-7

HC: 978-1-56145-454-9
PB: 978-1-56145-914-8

ALSO AVAILABLE IN BILINGUAL EDITION

- About Birds / Sobre los pájaros / 978-1-56145-783-0 PB
- About Fish / Sobre los peces / 978-1-56145-989-6 PB
- About Insects / Sobre los insectos / 978-1-56145-883-7 PB
- About Mammals / Sobre los mamíferos / 978-1-56145-800-4 PB
- About Reptiles / Sobre los reptiles / 978-1-56145-909-4 PB
- About Amphibians / Sobre los anfibios / 978-1-68263-033-4 PB

ABOUT HABITATS SERIES

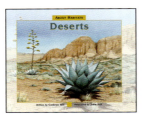
HC: 978-1-56145-641-3
PB: 978-1-56145-636-9

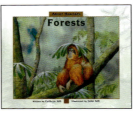
HC: 978-1-56145-734-2

HC: 978-1-56145-559-1
PB: 978-1-68263-034-1

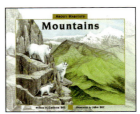
HC: 978-1-56145-469-3
PB: 978-1-56145-731-1

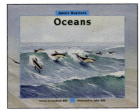
HC: 978-1-56145-618-5
PB: 978-1-56145-960-5

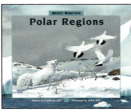
HC: 978-1-56145-832-5

HC: 978-1-56145-968-1

HC: 978-1-56145-432-7
PB: 978-1-56145-689-5

THE SILLS

CATHRYN AND JOHN SILL are the dynamic team who created the *About…* series as well as the *About Habitats* series. Their books have garnered praise from educators and have won a variety of awards, including Bank Street Best Books, CCBC Choices, NSTA/CBC Outstanding Science Trade Books for Students K–12, Orbis Pictus Recommended, and *Science Books and Films* Best Books of the Year. Cathryn, a graduate of Western Carolina State University, taught early elementary school classes for thirty years. John holds a BS in wildlife biology from North Carolina State University. Combining his artistic skill and knowledge of wildlife, he has achieved an impressive reputation as a wildlife artist. The Sills live in Franklin, North Carolina.

CATHRYN Y JOHN SILL son el dúo dinámico que creó las series *Sobre…* y *Sobre hábitats*. Sus libros han merecido elogios de educadores y obtenido variedad de premios, incluyendo Bank Street Best Books, CCBC Choices, NSTA/CBC Outstanding Science Trade Books for Students K–12, Orbis Pictus Recommended y *Science Books and Films* Best Books of the Year. Cathryn, graduada de la Western Carolina State University, fue maestra de los primeros grados de la escuela primaria durante treinta años. John es licenciado en Biología de vida silvestre por la North Carolina State University. Combinando sus conocimientos de la vida silvestre con sus destrezas artísticas, John ha adquirido una destacada reputación como artista de vida silvestre. Los Sill viven en Franklin, Carolina del Norte.

Fred Eldredge, Creative Image Photography